Grands Événements | numéro 1

LA CHUTE
DU MUR DE BERLIN

La fin du rideau de fer

par Véronique Van Driessche

50MINUTES

Avec la collaboration de Pierre Frankignoulle

LA CHUTE DU MUR DE BERLIN

- **Quand ?** Le 9 novembre 1989
- **Où ?** À Berlin-Est (République démocratique allemande, RDA)
- **Contexte ?**
  - La fin de la guerre froide (1945-1990)
  - L'ouverture à l'Occident des pays du bloc de l'Est
- **Acteurs principaux ?**
  - Günter Schabowski, ancien journaliste allemand (né en 1929)
  - Egon Krenz, homme politique allemand (né en 1937)
- **Répercussions ?**
  - La chute du régime communiste en RDA (1989-1990)
  - La réunification de l'Allemagne (1989-1990)
  - L'effondrement des gouvernements communistes dans les États de l'Est (1989-1990)
  - L'éclatement de l'URSS (1990-1991)
  - L'extension vers l'est de la communauté européenne

Érigé en août 1961 pour isoler la partie occidentale de la ville du monde communiste qui l'entoure, le mur de Berlin est le triste résultat de la division de l'Europe et de l'Allemagne dans la guerre froide qui suit la Seconde Guerre mondiale (1939-1945), mais aussi de la sévérité du régime communiste, qui fait fuir une grande partie de la population. À l'automne 1989, cependant, l'essouf-flement économique de l'Union soviétique, l'assouplissement du régime communiste, le souhait général de démocratisation qui touche les pays de l'Est et la force d'un peuple réclamant la liberté de se déplacer ont raison du plus important symbole du conflit Est-Ouest.

Dans la soirée du 9 novembre 1989, les médias allemands annoncent – par anticipation – que les sorties du territoire d'Allemagne de l'Est sont désormais possibles sans condition ni délai. La réaction ne se fait pas attendre : dans les heures qui suivent, la population de Berlin-Est se presse aux postes-frontières de la ville, que les gardes, qui n'ont pas été prévenus, finissent par ouvrir. En une nuit, ce mur, qui a séparé tant de familles et d'amis pendant 28 ans, tombe enfin.

La disparition du mur de Berlin accélère brutalement un processus déjà en marche. L'absence de réaction des autorités soviétiques encourage les populations des pays de l'Est à refuser la dictature communiste : partout, on organise de grandes manifestations pacifiques. L'élan est tellement fort qu'en quelques mois, la démocratie l'emporte dans tout l'Est de l'Europe.

CONTEXTE

L'EUROPE SAUVÉE PAR LES ALLIÉS

Au cours de la Seconde Guerre mondiale, l'intervention des forces alliées marque, dès 1943, un tournant important. Peu à peu, l'Europe est libérée de l'Allemagne nazie par l'Armée rouge (l'armée soviétique), qui remporte sa première victoire lors de la bataille de Stalingrad (hiver 1942-1943), et par les troupes anglo-américaines et françaises, qui organisent des débarquements en Sicile (juillet 1943), en Italie (septembre 1943) et en France (juin et août 1944).

Lors de la conférence de Yalta, qui s'est tenue en février 1945, les Alliés se préparent à la reconquête de l'Allemagne et prévoient la gestion de l'après-guerre. Dans une déclaration, ils s'engagent à amener les pays libérés du joug nazi vers un régime démocratique en mettant en place des gouvernements provisoires de coalition chargés d'organiser des élections libres. Ils règlent également le sort de l'Allemagne afin de lui ôter toute possibilité de redevenir une puissance belliciste : elle sera démilitarisée, dénazifiée et placée sous la tutelle des Alliés, qui la découpent en quatre zones d'occupation militaire (soviétique, américaine, britannique et française). La ville de Berlin, capitale du IIIe Reich d'Hitler (homme d'État allemand, 1889-1945), sera elle aussi divisée en quatre secteurs administrés par les Alliés.

À Yalta, et plus encore lors de la conférence de Postdam (juillet-août 1945) qui suit la capitulation de l'Allemagne (8 mai 1945), on observe les premiers signes de désaccord entre les Alliés occidentaux et l'Union soviétique : la fin de la guerre marque aussi la fin de la Grande Alliance.

L'EUROPE, L'ALLEMAGNE ET BERLIN SCINDÉS EN DEUX

Les engagements pris à Yalta et à Postdam concernant l'Europe libérée ne sont pas respectés par l'Union soviétique, qui favorise l'installation de dictatures communistes dans les pays d'Europe centrale et orientale qu'elle a reconquis. Huit États sont concernés : la Hongrie, la Bulgarie, la Roumanie, la Pologne, la Tchécoslovaquie, la Yougoslavie, l'Albanie et la République démocratique allemande (la RDA, reconnue en octobre 1949), qui deviennent les États satellites de Moscou.

Très vite, une profonde coupure idéologique, politique et économique, un véritable « rideau de fer » – comme l'a mentionné Churchill (homme d'État britannique, 1874-1965) lors de son discours à Fulton (Missouri) en 1946 – divise l'Europe, qui devient l'enjeu principal de la guerre froide que les États-Unis et l'Union soviétique se livreront pendant 45 ans.

LA GUERRE FROIDE

Au sortir de la Seconde Guerre mondiale, les États-Unis et l'Union soviétique, deviennent rapidement rivales. Elles défendent des idéologies et des principes politiques et économiques fondamentalement opposés : le capitalisme et la démocratie d'une part, contre le communisme stalinien d'autre part. Chacune s'efforce d'étendre sa sphère d'influence en offrant une aide économique à ses partisans et en créant des alliances militaires : le plan Marshall (1947) et l'OTAN (Organisation du Traité de l'Atlantique Nord, 1949) sont mis en place du côté américain, le CAEM (Conseil d'aide économique mutuelle, 1949) et le pacte de Varsovie (1955) du côté soviétique. Si aucun conflit direct n'a lieu, leur rivalité s'exprime de la manière la plus spectaculaire – et la plus dangereuse – dans la course à l'armement et à l'espace.

Si les pays d'Europe de l'Est tombés sous le joug soviétique se ferment à l'Occident, c'est l'Allemagne, et surtout Berlin, qui cristallise le plus cette séparation. À Berlin-Ouest, comme dans la République fédérale allemande (RFA), la démocratie règne, tandis qu'à Berlin-Est, comme dans la République démocratique allemande (RDA), c'est la dictature communiste qui s'impose. Beaucoup d'Allemands de l'Est cherchent à passer en RFA, où les conditions de vie sont meilleures. Mais cet exode massif, qui s'accentue en période de crise, menace l'économie de la RDA, basée sur la planification.

Or, un demi-million de personnes franchissent quotidiennement la frontière à Berlin qui, avec ses 81 points de passage Est-Ouest, fournit une porte de sortie à 90 % des candidats au départ. Walter Ulbricht (1893-1973), le dirigeant de la RDA, obtient de Nikita Khrouchtchev (1894-1971), le dirigeant de l'Union soviétique, l'autorisation d'installer autour de Berlin-Ouest un important dispositif frontalier, officiellement présenté comme un rempart contre le fascisme occidental.

Le matin du dimanche 13 août 1961, 25 000 soldats et policiers dressent autour de Berlin-Ouest des barrages provisoires en barbelés, qui sont remplacés dans les semaines suivantes par un dispositif plus solide (mur en dalles de béton renforcées de moellons ou clôture grillagée en métal) : c'est l'opération « muraille de Chine ». La partie du mur qui sépare les deux secteurs de la ville condamne des rues, des places, des voies ferrées, et intègre des bâtiments qui sont évacués de force ou dont les ouvertures vers l'Ouest sont bloquées. En quelques heures, Berlin-Ouest se retrouve hermétiquement isolée du monde communiste. Des centaines de familles et d'amis sont désormais séparés, et ce pour de longues années.

Alors que les nombreux magasins, restaurants, musées, cinémas et night-clubs témoignent de la prospérité capitaliste de la RFA et de Berlin-Ouest, Berlin-Est est une ville anticommuniste typique qui ne présente aucune diversité. Les immeubles, les maisons, les voitures, reproduits à l'identique, sont souvent de médiocre qualité. Les vêtements sont ternes et les produits de luxe rarissimes. Les mères de famille passent ainsi des heures à faire la file devant des magasins peu approvisionnés, souvent sans savoir ce qu'elles pourront acheter. Pourtant, ce n'est pas l'argent qui manque, mais bien le moyen de le dépenser. Outre cette pénurie constante, on vit dans la peur et la méfiance suscitées par une surveillance étroite de la police secrète est-allemande, la Stasi (abréviation de *Staatssicherheitsdienst*, service de la sûreté intérieure de l'État), qui contrôle la vie de tous les citoyens, les obligeant très souvent à collaborer par des dénonciations. La menace d'emprisonnement et même de torture pèse sur tous.

L'AFFAIBLISSEMENT DE L'AUTORITÉ SOVIÉTIQUE

Dans le cadre de la guerre froide, l'URSS s'est investie de manière croissante dans la course à l'armement militaire et à la conquête spatiale sous l'impulsion de son dirigeant Leonid Brejnev (1906-1982).

Cette militarisation excessive épuise l'économie soviétique, qui présente des signes de stagnation et même de déclin dès 1975, obligeant la population à réduire sa consommation au minimum supportable et à limiter les investissements. Un énorme déséquilibre se crée dès lors entre les investissements militaires et les investissements civils.

Au début des années quatre-vingt, lorsque les États-Unis relancent la course à l'armement sous la présidence de Ronald Reagan (1911-2004), l'Union soviétique prend conscience qu'elle ne pourra plus rivaliser longtemps. Elle réalise également qu'il est urgent de sortir le pays de la stagnation par des changements politiques et économiques.

Arrivé au pouvoir en 1985, Mikhaïl Gorbatchev (né en 1931) applique une politique réformiste de *glasnost* (transparence), de *perestroïka* (restructuration) et de semi-démocratisation en URSS. Il mène par ailleurs une politique d'ouverture à l'Occident en négociant la fin de la course aux armements avec les États-Unis (traité de Washington, 1987). L'Union soviétique participe désormais activement aux réunions de la CSCE (Conférence pour la sécurité et la coopération en Europe) afin d'améliorer la coopération des pays en matière de sécurité, d'économie et de respect des Droits de l'homme.

En 1988, Gorbatchev abandonne officiellement la doctrine Brejnev, qui prônait la souveraineté limitée des États satellites. Cela encourage les actions d'opposition aux régimes communistes : les manifestations se multiplient et certains pays de l'Est (Pologne, Hongrie, Tchécoslovaquie) s'engagent dans des réformes démocratiques.

LA LIBERTÉ DE VOYAGER

Pour se rendre légalement en RFA, un citoyen est-allemand devait demander, à grands frais et tracas, un passeport et un visa de sortie motivés par des raisons familiales et urgentes (mariage, maladie grave ou mort d'un parent proche). Très peu d'autorisations étaient délivrées, même si, dans les dernières années, les règles s'étaient un peu assouplies.

Mais la démocratisation et l'ouverture à l'Occident impliquent une plus grande liberté de circulation des personnes. Par conséquent, le 15 janvier 1989, en signant le traité de la CSCE, l'Union soviétique et ses alliés s'engagent à garantir à tout citoyen le droit de quitter un pays et d'y rentrer ensuite.

Une première brèche apparaît dans le « rideau de fer » lorsque, le 2 mai 1989, le gouvernement hongrois ouvre à ses citoyens la frontière vers l'Autriche. Au cours de l'été, des milliers d'Allemands de l'Est se précipitent en Hongrie, via la Tchécoslovaquie. Un véritable jeu de « gagne-terrain » commence à l'automne :

- le 10 septembre, la Hongrie autorise les Allemands de l'Est à passer en Autriche, mais la Tchécoslovaquie, soutenant la RDA, leur ferme sa frontière vers la Hongrie ;
- le 30 septembre, la Tchécoslovaquie laisse sortir dans des trains spéciaux, appelés les « trains de la liberté », les réfugiés est-allemands qui s'entassent dans l'ambassade d'Allemagne occidentale ;
- le 3 octobre, la RDA interdit les voyages sans visa vers la Tchécoslovaquie, puis vers la Roumanie et la Bulgarie.

Des manifestations pour des réformes démocratiques et surtout pour la liberté de voyager s'organisent dans les grandes villes d'Alle-magne de l'Est. Elles prennent une ampleur remarquable à partir de la manifestation décisive du lundi 9 octobre, qui se déroule à Leipzig et réunit 70 000 personnes sans aucune violence ni intervention des forces de l'ordre.

Le bureau politique du SED (le parti communiste de la RDA) annonce son intention de dialoguer avec le peuple. Jugé trop conservateur, le dirigeant de la RDA, Erich Honecker (1912-1994), est contraint de démissionner le 18 octobre. Son remplaçant, Egon Krenz promet un tournant politique et un projet de loi relatif aux voyages. En parallèle, il entame des pourparlers avec le chancelier ouest-allemand Helmut Kohl (né en 1930) concernant les possibilités de coopération économique entre les deux Allemagne.

BIOGRAPHIES

EGON KRENZ, HOMME POLITIQUE ALLEMAND

Né le 19 mars 1937 à Kolobrzeg (province prussienne de Poméranie, nord de l'Allemagne), Egon Krenz rejoint les Jeunesses communistes est-allemandes à l'âge de 16 ans. Il en sera le dirigeant pendant dix ans, de 1974 à 1984.

En 1955, il entre au SED, le parti communiste est-allemand. Entre 1957 et 1959, il effectue son service militaire et, de 1964 à 1967, il fréquente l'école du parti communiste allemand à Moscou.

Son ascension au sein du SED est rapide : en 1973, il est nommé secrétaire du comité central, et en 1983, à seulement 46 ans, il devient membre du bureau politique du comité central, s'occupant des questions de sécurité intérieure. L'année suivante, il est vice-président du Conseil d'État de la RDA, devenant ainsi en quelque sorte le bras droit d'Erik Honecker, qui dirige l'État. Il le remplace le 18 octobre 1989, peu avant la chute du mur de Berlin, ce qui fait de lui le dernier chef d'État de la RDA. Après la chute du mur, il est limogé de son poste de secrétaire général du SED le 3 décembre 1989, et de son poste de président du Conseil d'État trois jours plus tard. Il est exclu du nouveau SED/PDS en janvier 1990.

En 1997, il doit répondre de sa responsabilité, comme ancien membre du bureau politique, dans la mort de quatre civils tués par des gardes-frontières, et est condamné à six ans de prison.

Aujourd'hui, il se montre nostalgique de la RDA et est resté fidèle à ses idéaux politiques. Marié et père de deux enfants, il vit avec sa famille près de Rostock, en Poméranie.

GÜNTER SCHABOWSKI,
ANCIEN JOURNALISTE ALLEMAND

Günter Schabowski est né le 4 janvier 1929 à Anklam (Poméranie). Plus âgé qu'Egon Krenz, il a connu la guerre, ce qui a motivé son engagement communiste. Il entre au SED en 1952 et travaille comme rédacteur (1968-1978) puis comme rédacteur en chef (1978-1985) au quotidien du parti, le *Neues Deutschland*. Il intègre le comité central du SED en 1981, le bureau politique trois ans plus tard et, en 1985, devient premier secrétaire du parti pour Berlin-Est.

Le 6 novembre 1989, peu avant la chute du mur, il est nommé secrétaire du comité central du SED pour l'information, un poste nouvellement créé de porte-parole du gouvernement. Après la chute du mur, il démissionne le 3 décembre 1989 du comité central et du bureau politique. Il est finalement exclu du SED/PDS en janvier 1990.

De 1992 à 1999, il reprend sa carrière de journaliste comme rédacteur au *Heimat Nachrichten*, un journal de petites annonces et de nouvelles locales qu'il a fondé avec un journaliste-éditeur ouest-allemand.

En 1997, il est, comme Krenz, mis en accusation pour sa responsabilité dans la mort de civils ayant tenté de passer la frontière. Il est condamné à trois ans de prison et se reconnaît moralement coupable de ces méfaits. D'une manière générale, il reconnaît sa responsabilité dans les aspects négatifs du régime communiste en RDA, et admet que la République est-allemande était au bord du gouffre en novembre 1989.

Marié et père de deux fils, il vit aujourd'hui à Berlin.

LA CHUTE DU MUR DE BERLIN

LES JOURS PRÉCÉDENTS

Au début du mois de novembre 1989, les autorités de la RDA sont acculées de toutes parts : la manifestation du 4 novembre à Berlin-Est réunit un million de participants ; les demandes de sortie sont plus nombreuses que jamais ; la Tchécoslovaquie, vers laquelle la frontière a été rouverte le 27 octobre, réclame une solution rapide au problème des réfugiés qui arrivent par milliers, et obtient, le 4 novembre, de les laisser partir directement vers la RFA – c'est la deuxième brèche dans le « rideau de fer ». Quant à l'Union soviétique, Gorbatchev a clairement signifié qu'elle n'apportera aucune aide à la RDA. Il faut donc édicter une loi sur la liberté de circulation.

Le 6 novembre, une partie du projet de loi est publiée, mais les restrictions sont encore très importantes : on ne peut pas voyager plus de 30 jours par an, l'allocation de voyage est plafonnée à 15 deutschemarks et les autorités ont toujours le droit de refuser un visa, et ce pour des raisons mal définies. De très nombreux manifestants se réunissent le soir même dans plusieurs villes et scandent : « Faisons le tour du monde en trente jours et sans argent ! »

Le 7 novembre, le bureau politique décide qu'il faut d'abord s'attacher aux sorties définitives de RDA, car la question budgétaire des voyages est en attente d'un accord avec la RFA. Le 8 novembre s'ouvre une cellule de crise de trois jours au comité central du SED.

JEUDI 9 NOVEMBRE 1989

Le nouveau projet de loi est prêt. Les quatre officiers chargés de modifier les règles pour les sorties du pays se sont accordés pour supprimer toutes les restrictions liées aux départs définitifs, et ils ont décidé de réglementer de la même manière les voyages privés, afin que tout le monde ne choisisse pas de quitter définitivement la RDA. Au cours de la journée, le projet est approuvé par les membres du bureau politique, puis par le ministère de l'Intérieur, par le service de sécurité de l'État, et enfin par le comité central.

Une conférence de presse internationale est prévue à 18 heures. Egon Krenz informe rapidement le porte-parole du SED, Günter Schabowski, de ce qui s'est dit au cours de la réunion du comité central et lui donne un document contenant le projet de loi ainsi qu'un communiqué à lire à la presse.

Pendant plus de 50 minutes, Schabowski livre un compte-rendu dépourvu d'intérêt des faits du jour. Ce n'est que vers la fin de la conférence, lorsqu'un journaliste lui pose une question à propos de la loi sur les voyages, qu'il se souvient du document qu'il a reçu. Il introduit le sujet en soulignant qu'il est compréhensible que les Allemands de l'Est veuillent voyager ou aller vivre à l'Ouest, puis il annonce que, comme il n'est plus acceptable qu'ils le fassent en passant par un pays ami, le bureau politique a décidé de mettre en application « une disposition qui permet à tout citoyen de la RDA de sortir du pays par les postes-frontières de la RDA » (« The End of the Cold War », in *Cold War International History Project Bulletin*, 12/13 (fall/winter 2001), p. 157-158).

Cette déclaration éveille bien évidemment l'intérêt des journalistes. Les questions fusent : « Sans passeport ? » « À partir de quand ? ». Mais Schabowski ne sait pratiquement rien de cette loi. Cherchant des informations dans son document, il lit : « Les demandes pour des voyages privés à l'étranger peuvent être déposées sans les conditions qui étaient préalablement exigées [démontrer la nécessité du voyage et prouver des liens familiaux]. Les autorisations de voyager seront émises rapidement. Les refus seront exceptionnels. Les départements responsables [...] ont reçu l'ordre de délivrer des visas pour sortie définitive sans délai et sans présentation des conditions préalablement exigées pour les sorties définitives. » (*Ibid.*) Concernant les passeports, il déclare qu'il pense que l'on va en distribuer. À la question de l'entrée en vigueur de la loi, il répond : « Pour autant que je sache... immédiatement... sans délai. » On lui demande encore si cette loi est valable également pour Berlin-Ouest, si elle permet bien d'éviter le détour par la Tchécoslovaquie ou la Pologne, et il confirme à chaque fois, après avoir vérifié dans son document.

Dès 19 heures, les agences de presse font circuler l'information de l'ouverture des frontières de la RDA. La télévision est-allemande, qui a retransmis en direct la conférence de presse, déclare à 19 h 30 que les voyages privés à l'étranger sont désormais autorisés sans motif particulier. Au journal de 20 heures, la télévision ouest-allemande annonce que les citoyens est-allemands ne sont plus obligés de passer par la Tchécoslovaquie pour se rendre en RFA.

La réaction de la population ne se fait pas attendre. Dès 20 h 30, des Berlinois de l'Est arrivent aux principaux postes-frontières pour vérifier la réalité de leur nouvelle liberté. Mais tout est fermé. Les gardes-frontières, qui ne sont au courant de rien et n'ont reçu aucun ordre, leur proposent de revenir le lendemain. Mais d'heure en heure, la foule se fait plus dense. Au poste-frontière de Bornholmer Straße, situé dans un quartier très peuplé, les gardes-frontières, débordés, commencent à délivrer des visas au compte-gouttes.

Dans son édition de 22 h 45, la télévision ouest-allemande proclame que les portes du mur sont ouvertes – ce qui n'est pas encore réellement le cas –, créant un nouvel afflux de Berlinois vers les postes-frontières. À 23 h 30, le responsable du service des passeports du poste-frontière de Bornholmer Straße, craignant un bain de sang, prend la décision d'ouvrir les barrières et de laisser passer tout le monde sans contrôle. Près de 20 000 personnes franchissent le poste dans l'heure qui suit. Vers minuit, les autres postes-frontières sont également ouverts.

Un cortège de piétons et de petites *Trabants 601* (les voitures fabriquées en RDA) se déploie dans Berlin-Ouest. Ils sont accueillis avec du champagne et du Coca-Cola. Pendant le reste de la nuit, les Berlinois fêtent l'ouverture du mur. La porte de Brandebourg et la Pariser Platz, enfermées depuis 1961 dans le *No Man's Land*, sont occupées par des milliers de Berlinois de l'Est et de l'Ouest qui ont escaladé le mur à cet endroit. Certains dansent sur le mur, tandis que d'autres l'attaquent à la pioche ou au burin. La plupart des visiteurs rentrent à l'Est au petit matin.

Pour les auteurs du projet de loi, il n'était pas question de sortie sans demande préalable. Le passeport s'imposait toujours, et comme seule une partie de la population en possédait un, le délai administratif pour le recevoir aurait permis de diluer les sorties.

L'entrée en vigueur de la loi était prévue à 4 heures le lendemain matin, alors que tout le monde dormirait encore, ce qui aurait permis de prendre toutes les dispositions nécessaires aux postes-frontières.

LES JOURS SUIVANTS

Dans les jours qui suivent, le contrôle traditionnel n'est pas remis en vigueur aux postes-frontières berlinois. En attendant que des millions de passeports soient délivrés, les visas sont apposés sur les cartes d'identité.

La fête se poursuit pendant tout le week-end : les files s'allongent aux postes-frontières – on ouvre, au bulldozer, une dizaine de nouveaux points de passage dans le mur – et la cohue règne à Berlin-Ouest. La ville offre à chaque Allemand de l'Est 100 deutschemarks de bienvenue, ce qui correspondait à un mois de salaire en RDA, vite dépensés dans les supermarchés, en produits de beauté, chocolat, jeux électroniques ou disques de rock and roll, totalement inconnus de l'autre côté du mur.

L'événement devient très médiatique. Le samedi 11 novembre, le célèbre violoncelliste russe exilé Mstislav Rostropovitch (1927-2007) improvise un concert au pied du mur. Plus de deux millions d'Allemands de l'Est visitent Berlin-Ouest au cours de ce week-end.

La destruction du mur est décidée le 29 décembre 1989. Elle commence officiellement le 13 juin 1990 et les collectionneurs arrivent du monde entier pour récupérer un souvenir de ce symbole de la guerre froide.

Le tracé du mur est aujourd'hui visible sur 20 kilomètres dans Berlin, symbolisé au sol par une double rangée de pavés en granit ou par une ligne rouge. Quelques segments du mur ont été conservés, ainsi que des miradors, et l'on peut encore observer les modifications effectuées sur certains bâtiments civils intégrés dans le dispositif frontalier.

LA RÉUNIFICATION ALLEMANDE (1989-1990)

Pour les deux Allemagne, la réunification s'impose rapidement comme la meilleure solution, notamment pour endiguer les départs des citoyens est-allemands vers la RFA. Dès le 28 novembre 1989, le chancelier ouest-allemand Helmut Kohl propose un programme en dix points pour une réunification en cinq à dix ans, alors qu'en Allemagne de l'Est, les manifestations ont repris pour réclamer la réunification. Les premières élections libres ont lieu le 18 mars 1990 et sont remportées par le chrétien-démocrate Lothar de Maizière (né en 1940), qui se déclare favorable à une Allemagne unie.

L'Allemagne ne peut cependant modifier son statut sans l'accord des anciens Alliés. Le 5 mai 1990 s'ouvre une conférence « deux plus quatre » qui réunit les deux Allemagne et les quatre vainqueurs de 1945. Elle aboutit, le 12 septembre 1990, à la signature du traité de Moscou, qui règle les aspects extérieurs de l'unité allemande (frontières, alliances, forces militaires) et, surtout, rend à l'Allemagne sa pleine souveraineté d'État.

Entre-temps, le processus d'unification des deux Allemagne s'est accéléré. L'union monétaire, économique et sociale, signée le 18 mai, est mise en place dès le 1er juillet 1990. L'Allemagne de l'Ouest a accepté la parité des deux marks, et fournira des aides publiques massives pour permettre aux entreprises d'État de passer à l'économie de marché. Le traité d'unification, signé le 31 août, entre en vigueur le 3 octobre 1990. Il étend le régime politique et administratif de la RFA aux cinq provinces de l'ex-RDA. La capitale est transférée de Bonn à Berlin, et Helmut Kohl devient le premier chancelier de la nouvelle Allemagne.

LA « DÉSATELLISATION » DE L'EUROPE DE L'EST (1989-1990)

La chute du mur de Berlin joue également un rôle décisif dans l'évolution politique des autres États satellites de l'URSS, qui, enhardis par la non-intervention de Moscou, rejettent, en quelques mois, les régimes communistes autoritaires au profit de démocraties à l'occidentale.

Comme en RDA, cela se fait le plus souvent de manière pacifique, sous la poussée du peuple qui obtient la reconnaissance des partis d'opposition, puis des élections libres amenant des représentants non-communistes, souvent d'anciens dissidents, au pouvoir.

En Pologne, le syndicat Solidarność de Lech Walesa (né en 1943) est reconnu le 5 avril 1989, et les élections du 4 juin mettent en place le premier gouvernement à majorité non communiste dans un pays satellite, dirigé par Tadeusz Mazowiecki (1927-2013). Le 22 décembre 1990, Lech Walesa est élu président de la République polonaise.

En Hongrie, le forum démocrate hongrois est reconnu comme parti politique en février 1989, et les élections du 18 octobre mettent en place le premier chef d'État post-communiste, Mátyás Szűrös (né en 1933), qui proclame la république de Hongrie le 23 octobre 1989. Les premières élections libres ont lieu le 25 mars 1990 et donnent la victoire au forum démocrate hongrois.

En Tchécoslovaquie, suite aux manifestations pacifiques qui se multiplient à partir du 17 novembre 1989 (la révolution de velours), le parti communiste abandonne le pouvoir. Un gouvernement non communiste est mis en place le 10 décembre, et l'ancien dissident et écrivain Václav Havel (1936-2011), représentant du forum civique, est élu président le 29 décembre 1989.

En Bulgarie, le 10 novembre 1989, le président communiste Todor Živkov (1911-1998) démissionne subitement face aux manifestations populaires et est remplacé par Petăr Mladenov (1936-2000), plus libéral. Le 15 janvier 1990, le pluripartisme est officiellement reconnu et les premières élections libres ont lieu le 10 juin 1990. Mladenov est élu, mais doit démissionner le 6 juillet 1990. L'ancien dissident Jeliou Jelev (né en 1935), représentant de l'Union des forces démocratiques, devient président de la république le 1er août 1990.

En Roumanie, Ion Iliescu (né en 1930), chef du front de salut national, prend le pouvoir le 22 décembre 1989 à la suite du coup d'État contre le dictateur communiste Nicolae Ceaușescu (1918-1989). Il est élu président de la république le 20 mai 1990.

L'Albanie, en proie à un régime très sévère sous Enver Hoxha (1908-1985), met plus de temps à se libéraliser. En 1990, le pluralisme politique et la liberté de voyager à l'étranger sont autorisés. Un an plus tard, des élections libres sont organisées, mais elles conservent les communistes au pouvoir, et il faut attendre 1992 pour voir arriver à la tête de l'État un représentant du parti démocrate.

En se détachant du modèle soviétique, les pays de l'Est passent également du socialisme (économie planifiée par l'État) au capitalisme (économie de marché). C'est une transition brutale, qui demande une complète réorganisation. Malgré l'aide des pays occidentaux et l'ouverture aux investissements étrangers, le retard économique causé par des décennies de régime communiste reste difficile à rattraper.

LA DISLOCATION DE L'UNION SOVIÉTIQUE (1990-1991)

La politique de *glasnost* et de *perestroïka* menée par Gorbatchev a affaibli le pouvoir soviétique central et réveillé des sentiments nationalistes dans les 15 Républiques socialistes soviétiques constituant l'URSS (l'Estonie, la Lettonie, la Lituanie, la Moldavie, la Russie, la Géorgie, l'Arménie, l'Ouzbékistan, le Tadjikistan, l'Azerbaïdjan, l'Ukraine, la Biélorussie, le Kirghizistan, le Turkménistan et le Kazakhstan).

Inspirée par ce qui se passe dans les États satellites, la Lituanie se déclare indépendante dès le 11 mars 1990, mais subit une forte répression. Le 12 juin 1991, le démocrate Boris Ieltsine (1931-2007) est élu président de Russie, la plus grande des Républiques soviétiques, dont il proclame aussitôt l'indépendance. Après avoir mis en échec le coup d'État du 19 août 1991 perpétré par des communistes conservateurs, il suspend le parti communiste en Russie. C'est le déclic : l'une après l'autre, toutes les Républiques soviétiques se déclarent indépendantes.

Le 21 décembre 1991, les présidents de Russie, de Biélorussie et d'Ukraine constatent la fin de l'URSS et signent la création de la CEI (Communauté des États indépendants), qui réunit 11 républiques de l'ancienne Union soviétique. Gorbatchev démissionne le 25 décembre 1991.

L'EXTENSION VERS L'EST DE LA COMMUNAUTÉ EUROPÉENNE

L'Europe se prépare à accueillir les pays de l'Est sortis de l'orbite soviétique qui se cherchent un nouveau partenaire. Elle doit plus que jamais affirmer ses critères d'identité et de cohésion, et les étendre vers l'Est.

En novembre 1990, la charte de Paris pour une nouvelle Europe proclame la fin de la confrontation et de la division en Europe. Elle invite les États de l'Est à rejoindre l'Occident pour bâtir une Europe unie, basée sur le modèle démocratique. Pour entrer dans les structures et institutions européennes, il faut être une vraie démocratie et avoir une économie de marché.

Dès 1989, le Conseil de l'Europe (fondé en 1949), accueille les nouvelles démocraties issues de l'ancien bloc de l'Est. Il compte aujourd'hui 47 pays membres.

En 1993, l'Union européenne (UE) remplace la Communauté économique européenne (CEE, fondée en 1957). D'une union purement économique (un marché unique), on passe à un partenariat plus large – politique, économique et monétaire. L'UE compte aujourd'hui 28 pays membres.

En 1995, la CSCE devient l'OSCE (Organisation pour la sécurité et la coopération en Europe), une organisation permanente dont l'objectif est d'assurer la sécurité par une coopération au niveau politique, militaire, économique, environnemental et humain. Elle compte 56 États participants, bien au-delà de la seule Europe.

EN RÉSUMÉ

- En 1945, les Alliés, qui ont libéré l'Europe, décident de diviser l'Allemagne vaincue et sa capitale Berlin en quatre zones d'occupation.
- Les États-Unis et l'Union soviétique, nouvelles superpuissances, deviennent rapidement adversaires suite aux profondes oppositions qui existent entre eux. L'Union soviétique impose le régime communiste aux pays qu'elle a libérés, faisant d'eux des États satellites de Moscou.
- L'Europe, l'Allemagne et Berlin sont dès lors scindés en deux par un « rideau de fer » qui sépare l'Est communiste de l'Ouest démocratique.
- La dureté du régime communiste, ainsi que la situation particulière de l'Allemagne et de Berlin, déchirée entre Est (RDA) et Ouest (RFA), entraînent un exode massif des citoyens est-allemands vers la RFA et l'enclave Berlin-Ouest. La frontière berlinoise reste le dernier point de passage vers l'Occident jusqu'au 13 août 1961, lorsque, en l'espace de quelques heures, Berlin-Ouest est encerclée par un mur de béton et de barbelés, surveillé par des gardes armés.
- Dans les années quatre-vingt, l'Union soviétique, économiquement mise à terre par les dépenses excessives de la course à l'armement, se voit contrainte d'opérer un mouvement d'ouverture à l'Occident et à la démocratie. À partir de 1985, Gorbatchev applique une politique de *glasnost* et de *perestroïka* en URSS. En 1988, il libère les États satellites de l'obligation de s'aligner sur le régime communiste soviétique.
- Les premiers pays de l'Est (la Pologne, la Hongrie et la Tchécoslovaquie) s'engagent dans des réformes démocratiques. En mai 1989, la Hongrie ouvre ses frontières vers l'Autriche, offrant aux Allemands de l'Est une nouvelle porte de sortie, mais la RDA tente de bloquer le passage.

- À l'automne 1989, le peuple est-allemand réclame la démocratie et surtout la liberté de voyager au cours d'immenses manifestations pacifiques, qui obligent les dirigeants du pays à revoir leur position. Le 18 octobre, Erich Honecker est remplacé à la tête de l'État par Egon Krenz, qui promet un tournant politique et une loi sur les voyages.
- Dans la soirée du 9 novembre 1989, Günter Schabowski, porte-parole du gouvernement, annonce par anticipation que les citoyens peuvent désormais sortir librement de RDA. Informée par les médias, la population de Berlin-Est se précipite aux postes-frontières, qui sont ouverts peu avant minuit. Le mur de Berlin est enfin tombé, et les Berlinois fêtent leurs retrouvailles pendant plusieurs jours.
- La chute du mur annonce la réunification allemande, officialisée moins d'un an plus tard. Elle accélère également la chute des régimes communistes dans les pays satellites de l'URSS et, un peu plus tard, l'éclatement de l'URSS lié à l'effondrement du communisme et au nationalisme des Républiques soviétiques. L'Europe doit se préparer à s'élargir vers l'Est.

POUR ALLER PLUS LOIN

SOURCES BIBLIOGRAPHIQUES

- CAHN (Jean-Paul) et PFEIL (Ulrich), *Allemagne 1949-1990*, 3 volumes, Villeneuve-d'Ascq, Presses universitaires du Septentrion, 2008-2009.
- HEYRAUD (Henri), *La fin de la guerre froide : perspectives*, Lyon, Presses universitaires de Lyon, 1992.
- JUDT (Tony), *Après-guerre, une histoire de l'Europe depuis 1945*, Paris, Armand Colin, 2007.
- « La chute du mur de Berlin », in *Ministère de l'Éducation nationale de l'enseignement supérieur et de la recherche*, consulté le 8 septembre 2014.
  http://www.cndp.fr/pour-memoire/la-chute-du-mur-de-berlin/presentation/
- « La guerre froide (1945-1989) », in *CVCE.eu : Knowing the Past to Build the Future*, consulté le 8 septembre 2014.
  http://www.cvce.eu/education/unit-content/-/unit/55c09dcc-a9f2-45e9-b240-eaef64452cae/1dc7e103-8078-45e1-b8ac-2199a9be5783
- « L'archive : la chute du mur de Berlin », in *Arte*, consulté le 8 septembre 2014.
  http://www.arte.tv/fr/l-archive-la-chute-du-mur-de-berlin/2306760,CmC=2306770.html
- « Les bouleversements géopolitiques en Europe après 1989 », in *CVCE.eu : Knowing the Past to Build the Future*, consulté le 8 septembre 2014.
  http://www.cvce.eu/education/unit-content/-/unit/1f5d29d1-bc79-44af-ae41-6fdb3f41608

- « L'ouverture et la chute du mur », in *Berlin.de*, consulté le 8 septembre 2014.
  http://www.berlin.de/mauer/oeffnung/index.fr.html
- SOULET (Jean-François) et GUINLE-LORINET (Sylvaine), *Le monde depuis la fin des années 60. Précis d'histoire immédiate*, Paris, Armand Colin, 1998.
- « The End of the Cold War », in *Cold War International History Project Bulletin*, 12/13 (Fall/Winter 2001).

SOURCES COMPLÉMENTAIRES

- AYCARD (Mathilde) et VALLAUD (Pierre), *La chute du mur, 1969-2009*, Paris, Acropole, 2009.
- BASILICO (Gabriele), *Berlin*, Arles, Actes Sud, 2002.
- BRIGOULEIX (Bernard), *1961-1989 : Berlin, les années du mur*, Paris, Tallandier, 2001.
- BUFFET (Cyril), *Le jour où le Mur est tombé*, Paris, Larousse, 2009.
- DARNTON (Robert), *Dernière danse sur le mur : Berlin, 1989-1990*, Paris, Odile Jacob, 1992.
- DEMENET (Philippe), *J'ai vécu le mur de Berlin, 1961-1989*, Paris, Bayard Éditions jeunesse, 2007.
- GARTON ASH (Timothy), *Au nom de l'Europe : l'Allemagne dans un continent divisé*, Paris, Gallimard, 1995.
- GROSSER (Alfred), *L'Allemagne de Berlin : différente et semblable*, Paris, Alvik, 2006.
- GUÉRARD (François), *Berlin depuis 1945*, Paris, La Documentation française, 1994.
- LE GLOANNEC (Anne-Marie), *Un mur à Berlin : 1961*, Bruxelles, Complexe, 1985.
- LORRAIN (Sophie), *Histoire de la RDA*, Paris, PUF, coll. « Que sais-je ? », 1994.
- SOULET (Jean-François), *Histoire de l'Europe de l'Est : de la Seconde Guerre mondiale à nos jours*, Paris, Armand Colin, coll. « U », 2006.

- TERRAY (Emmanuel), *Ombres berlinoises : voyage dans une autre Allemagne*, Paris, Odile Jacob, 1996.
- VERLUISE (Pierre), *20 ans après la chute du mur : l'Europe recomposée*, Paris, Choiseul, 2009.

FILMS ET DOCUMENTAIRES

- *Allemagne terminus Est*, film documentaire de Frans Buyens, Belgique, 1965.
- *Les Années du mur*, film de Margarethe von Trotta, avec Corinna Harfouch, Mereth Becker et August Zirner, Allemagne, France et Suisse, 1995.
- *Le Tunnel*, film de Roland Suso Richter, avec Heino Ferch, Nicolette Krebitz et Sebastian Koch, Allemagne, 2001.
- *Berlin Babylon*, film documentaire de Hubertus Siegert, avec Günter Behnisch et Werner Durth, Allemagne, 2001.
- *Good bye, Lenin!*, film de Wolfgang Becker, avec Daniel Brühl, Katrin Saß et Chulpan Khamatova, Allemagne, 2003.
- *La Vie des autres*, film de Florian Henckel von Donnersmarck, avec Martina Gederck, Ulrich Mühe et Sebastian Koch, Allemagne, 2006.

MUSÉES ET BÂTIMENTS COMMÉMORATIFS

- Le musée des Alliés, à Berlin (Allemagne).
- Le musée germano-russe de Berlin Karlshorst (Allemagne).
- Le musée d'histoire allemande à Berlin (Allemagne).
- Le centre de documentation du mur de Berlin (Allemagne).
- Le lieu commémoratif du centre d'accueil d'urgence des réfugiés d'Allemagne de l'Est Marienfelde à Berlin (Allemagne).
- Le centre d'études et monument commémoratif de Normannen-straße, ancien siège du ministère de la Sûreté publique, à Berlin (Allemagne).

- Le mémorial de Berlin-Hohenschönhausen, ancien centre de détention pour gardes à vue (Allemagne).
- Le musée du mur de checkpoint Charlie à Berlin (Allemagne).
- Le musée de la ville de Berlin (Allemagne).

50MINUTES

Art

Business

Histoire

50MINUTES

Business | numéro 9
LA PYRAMIDE DES BESOINS
DE MASLOW
Pourquoi faut-il comprendre
les besoins des cliens ?

50MINUTES

Grandes Batailles | numéro 1
LE DÉBARQUEMENT
DE NORMANDIE
Overlord, l'opération décisive
de la Seconde Guerre mondiale

50MINUTES

LE CARAVAGE
ET LES JEUX DE LUMIÈRE

www.50minutes.com

Éditeur responsable : Lemaitre Publishing
Rue Lemaitre 4 | BE-5000 Namur
info@lemaitre-editions.com

ISBN ebook : 978-2-8062-5950-9
ISBN papier : 978-2-8062-5951-6
Dépôt légal : D/2014/12603/245
Photo de couverture : réputée libre de droits.

Conception numérique : Primento,
le partenaire numérique des éditeurs